AF318167

LES AMOURS DE TEMPÉ,

BALLET HEROÏQUE,

EN QUATRE ENTRÉES.

REPRÉSENTÉ

POUR LA PREMIERE FOIS,

PAR L'ACADÉMIE ROYALE DE MUSIQUE,

Le Mardy 7 Novembre 1752.

PRIX XXX. SOLS.

AUX DÉPENS DE L'ACADÉMIE.

A PARIS, Chez la V. Delormel & Fils, Imprimeur de ladite Académie, rue du Foin, à l'Image Ste. Geneviéve.

On trouvera des Livres de Paroles à la Salle de l'Opéra.

M. DCC. LII.

AVEC APPROBATION ET PRIVILEGE DU ROY.

Les Paroles de feu M. * * *

La Musique de M. D'AUVERGNE.

LE BAL,
OU
L'AMOUR DISCRET.

PREMIERE ENTRÉE.

ACTEURS CHANTANS

Dans les Chœurs.

CÔTE' DU ROI.		CÔTE' DE LA REINE	
Mesdemoiselles.	*Messieurs.*	*Mesdemoiselles.*	*Messieurs.*
Dun.	Lefebvre.	Rollet.	S. Martin.
Tulou.	Le Page, C.	Daliere.	Gratin.
Delorge.	Marotte.	Masson.	Le Mesle.
Larcher.	Levesque.	Gondré.	Chaboud.
Cazeau.	Fel.	Héry.	Le Vasseur.
Le Tourneur	Le Roy.	Duval. 1re.	Chapotin.
La Croix.	Selle.	Sallaville.	Favier.
Duval. 2e.	Roze.	Adelaïde.	Feret.
Gaultier.	Robin.	Lachanterie	Du Perrier.
De S. Hilaire	Antheaume.	Dauger.	Lombard.
			Laurent.

ACTEURS

SILVANDRE,	M^r. De Chassé.
DORIS,	Mlle. Fel.

MASQUES DE DIFFÉRENS CARACTERES.

PERSONNAGES DANSANS.

MASQUES DE DIFFERENS CARACTERES.

Polonois, M^r. LELIEVRE. *Polonoife*, Mlle. LABATTE.

Un Turc , M^r. TESSIER.

Efpagnol, M^r. Galigny.   *Efpagolette*, M^{ll}. Chevrier.

Grec ,   M^r. Bourgeois. *Grecque* ,   Mlle. Victoire.

Indien ,   M^r. Caiez.   *Indienne* ,   Mlle. Parquet.

Turc ,   M^r. Gobert.   *Turqueffe* ,   Mlle. Courar.

More ,   M^r. Defplaces l. *Moreffe* ,   Mlle Ponchon

EGYPTIENS , EGYPTIENNES.

Mlle. RAY.

M^{rs}. BEAT & GALIGNY.

Mlle. CARVILLE.

M^{rs}. Feuillade , Hyacinte , Desplaces c.

Mlles. St. Germain , Sauvage , Defiré , Deschamps ,
Couppé , Marquife.

LE BAL,
OU
L'AMOUR DISCRET.
PREMIERE ENTRÉE.

Le Théâtre repréfente une Salle de Bal.

SCENE PREMIERE.

SILVANDRE *un mafque à la main*, LES HABITANS DE TEMPÉ, *fous différens déguifemens.*

CHŒUR.

IS & Jeux que l'hiver raffemble
Dédommagez-nous des beaux jours.
Volez avec les Amours.
Brillez, triomphez enfemble.

On danfe.

SILVANDRE.

Regnez à jamais nuit charmante :
Vous nous fervés mieux que le jour :
Que la vive clarté qui vous rend fi brillante,
Se ranime , fans ceffe , aux flâmes de l'Amour.

On danfe.

CHŒUR.

Suivons l'Amour , c'eft lui qui nous appelle ,
Donnons l'effor à nos défirs.
Chantons, danfons, volons de belle en belle :
Courons , volons à de nouveaux plaifirs.
La nuit endort les jaloux.
Les Amours veillent.
Tandis qu'ils fommeillent ,
Volés Amours, conduifés - nous.

*Les Mafques vont fe repandre dans
les autres Salles du Bal.*

SCENE II.

SCENE II.

DORIS *en* EGYPTIENNE, *un masque à la main.*

SAisissons cet heureux moment.
Silvandre m'a déja parlé, sans me connoître,
Sous ce nouveau déguisement.
Il n'est que trop aimé : mérite-t'il de l'être ?

J'ai vû jusqu'à ce jour les soins de mon vainqueur,
Sans que mon trouble m'ait trahie ;
Quel plaisir ! (s'il m'aimoit au gré de mon envie)
De l'instruire de son bonheur.
L'instant le plus doux de la vie,
Est l'instant où l'on dit le secret de son cœur.

Elle remet son masque.

Allons... mais je le vois paroître.

SCENE III.

SILVANDRE, DORIS, *masquée.*

D O R I S.

JEune Inconnu quel soin vous arrête en ces lieux ?
Fuyez-vous les plaisirs & tous ces nouveaux jeux,
Qu'ici chaque instant fait renaître ?

B

SILVANDRE.

D'une jeune beauté j'adore les appas :
Mon cœur toujours tendre & fidéle,
Cherche envain aujourd'hui la trace de ses pas.
Le plaisir à mes yeux ne s'offre qu'avec elle,
Il s'envôle des lieux où je ne la vois pas.

DORIS.

De votre amour, du moins, vous parlez sans mistere.

Un Amant assuré de plaire.
Sans contraindre son cœur, laisse éclater ses feux.
En ce tems, on ne trouve guere
Que quelques Amans malheureux,
Qui mettent leur gloire à les taire.

SILVANDRE.

Je céde hélas ! au sentiment.
Je vous peint malgré moi le trouble de mon ame.
Vous auriez ignoré ma flâme,
Si j'étois plus heureux Amant.

Ah ! si la Beauté que j'aime
Combloit mes vœux, un jour, par un aveu flatteur,
Malgré ma tendresse extrême,
Je cacherois si bien ma gloire & mon bonheur
Qu'elle en douteroit elle-même.

DORIS.

Vous soupirez sans être aimé ?
Formez des nœuds plus doux, & brisez vôtre chaîne.

Dans le cœur d'un objet, à plaire, accoûtumé,
Un feu vif s'enflamme avec peine
Quand les premiers soupirs ne l'ont point allumé.

Vous soupirez sans être aimé ?
Formez des nœuds plus doux, & brisez votre chaîne.

SILVANDRE.

Non, non, connoissez mieux mon cœur,
Il ne sauroit être volage.
Non, pour briser jamais la chaîne qui l'engage,
Il y trouve trop de douceur.

Je me plais dans mon esclavage,
Et je jouis de ma langueur.
Je sens, du moins, dans mon malheur
Qu'on ne peut aimer d'avantage.

Non, non, &c.

DORIS.

Ah ! vous méritez d'être heureux.
Un amour si constant, une flamme si tendre,
Doit toucher un cœur généreux.
Ah ! vous méritez d'être heureux,

Il ne vous reste qu'à l'apprendre,
De l'objet même de vos feux.

Elle se démasque.

SILVANDRE à ses pieds.

Quoi c'est vous que je viens d'entendre!
C'est Doris qui comble mes vœux?

DORIS & SILVANDRE.

Que notre chaîne sera belle !
Ah ! que mon destin sera doux !
Je vivrai, je mourrai fidelle
Je ne respire que pour vous.

On entend un Prélude.

DORIS.

On vient : que les regards d'une troupe indiscrete
Dans le fond de nos cœurs ne pénétrent jamais.
Sentons le prix & les attraits.
D'une félicité secrette.

SCENE DERNIERE.

DORIS, SILVANDRE, MASQUES EGIPTIENS,

ET LES AUTRES MASQUES DU BAL.

CHŒUR.

LE tems s'envole & se partage.
Chaque saison regne à son tour.
Pour nous tous les tems & chaque âge
    Sont le regne de l'Amour.

On danse.

DORIS.

Amours sous mille traits rians,
Voltigés, folâtrés sans cesse :
Les jeux vous rendent plus charmans.

Quelques légers déguisemens
Raniment vos attraits, sans blesser la tendresse.
    Bien souvent une heureuse adresse
Trompe les yeux jaloux & sert les vrais Amans.

Amours fous mille traits rians,
Voltigés, folâtrés fans ceffe :
Les jeux vous rendent plus charmans,

                     On danfe.

FIN DE LA PREMIERE ENTRÉE.

LA FESTE DE L'HIMEN,
OU
L'AMOUR TIMIDE.

SECONDE ENTRÉE.

ACTEURS.

DAPHNIS. } *Bergers*   M^r. Jeliote.
PHILEMON. }   M^r. Gélin.

TÉMIRE, *Bergere*,   Mlle Fel.

LE GRAND PRESTRE DE
L'HYMEN ,   M^r. Poirier.

PRESTRES DE L'HYMEN.

BERGERS & BERGERES,

PERSONNAGES DANSANS.

BERGERS & BERGERES.

Mlle. PUVIGNÉE.

M^{rs}. Hamoche, Caiez, Lelievre, Bourgeois.
Mlles. Dazenoncour, Ponchon, Deschamps, Courar.

PASTRES & PASTOURELLES.

M^{rs}. LANY & GALYGNY.

Jeunes Pastres. M^r. BEAT. Mlle. RAY.
Vieux Pastres. M^r. HYACINTE. Mlle. VICTOIRE.

M^{rs}. Desplaces, c. Gobert.
Mlles. Chevrier, Marquise.

LA FESTE

LA FÊTE DE L'HIMEN,
O U
L'AMOUR TIMIDE.
DEUXIÉME ENTRÉE.

Le Theâtre repréfente le Périftile du Temple de L'HIMEN. Les côtés font des arbres d'un verd tendre, à travers lefquels on découvre des prés émaillés de fleūrs.

SCENE PREMIERE.
DAPHNIS.

P R É S fleuris, ô Tempé, vallon délicieux,
Ne verrez-vous jamais le bonheur où j'af-
    pire !
L'Amour feul regne dans ces lieux :
Rien n'y languit, & j'y foupire.

C

Nos Bergers, qu'en ce Temple, un doux efpoir attire,
Vont tous faire éclatter leurs fecrets amoureux.
Le Prêtre de l'Himen qu'ils doivent en inftruire,
   S'apprête à couronner leurs feux.
   Plus tendre helas ! & moins heureux,
   Quels fecrets aurai-je à lui dire ?
Prés fleuris, ô Tempé, Vallon délicieux,
Ne verrez-vous jamais le bonheur où j'afpire ?
   L'Amour feul regne dans ces lieux,
   Rien n'y languit, & j'y foupire.

SCENE II.

PHILEMON, DAPHNIS.

PHILEMON.

Crois-tu, qu'en ce jour, cher Daphnis,
 Notre Bergere fe déclare ? . . . . .
Quelque foit le deftin que fon choix nous prépare,
Ah ! Jurons-nous, du moins, d'être toujours unis.

DAPHNIS.

On fçait dans nos Hameaux adorer fa maîtreffe,
   Sans ceffer d'aimer fon rival.

Tout y fert l'amitié, jamais rien ne l'y bleffe,

Jamais, ici, la haine, aux feux de la tendresse
Ne mêle son poison fatal.

On sçait dans nos Hameaux adorer sa maîtresse,
Sans cesser d'aimer son rival.

PHILEMON.

Dans ce Temple, sans doute un doux espoir t'amene:
Quels secrets viens-tu révéler ?

DAPHNIS.

Eh ! Que dirois-je d'une chaîne
Dont j'ai toujours craint de parler?

Je meurs de ma langueur extrême,
Et la belle Témire ignore mes transports.
Auprès d'elle, arrêté par un charme suprême,
Ma bouche se refuse à mes tendres efforts;
Mes yeux seuls disent que je l'aime.

PHILEMON.

De mes feux en tremblant je parlai l'autre jour;
Tu quittois alors ma Bergere,
Dans ses yeux attendris je crus voir de l'amour:
Cher Daphnis, je crains; mais j'espere.

DAPHNIS.

Ce jour, (de tes jours le plus beau)

Je croyois être seul, & trop occupé d'elle;
Je gravois (en chantant) cette chanson nouvelle,
Sur l'écorce d'un jeune ormeau.

» Chantez, oiseaux, chantez que vous êtes heureux!

» Rendez grace à l'Amour, qui prévient tous vos
vœux,
» Des ramages qu'il vous inspire.
» Vous êtes toujours amoureux,
» Sans craindre jamais de le dire.

» Chantez, oiseaux, chantez que vous êtes heureux!

PHILEMON.

Peut-être en ce moment Témire?...

DAPHNIS.

Témire m'écoutoit.

PHILEMON.

Ah! Quel bonheur pour toi!
Eh!.. tu saisis l'instant que l'Amour faisoit naître,

DAPHNIS.

De mon trouble fus-je le maître?
J'effacai la chanson, & je fuis malgré moi.....
O Dieux! C'est-elle que je voi.

Il court au fond du Theâtre où Philemon le suit.

SCENE III.

TÉMIRE, DAPHNIS, PHILEMON,
Tous deux au fond du Théâtre.

TÉMIRE.

BRillez avec les fleurs dans ces belles retraites,
Volez plaisirs, volez, hâtez votre retour.
La Fête de l'Himen qu'annoncent nos muzettes,
Est le triomphe de l'Amour.

PHILEMON, qui avance le premier.

Témire cesse-t'elle, enfin de se défendre ?
Quand on chante l'Amour , craint on ce Dieu
charmant ?

DAPHNIS.

Les accens d'une voix si tendre ,
Présagent le choix d'un Amant.

TÉMIRE.

Dans nos bois
Une Bergere
De l'Amour ne craint point les loix.
Dans nos bois
Une Bergere

S'engage, sans peine, une fois.

Mais au Berger qu'elle préfere,
Elle ne déclare son choix,
Que lorsqu'elle est sure de plaire.

P H I L E M O N.

L'Amour triomphe dans vos yeux,
Ils sont le trône de sa gloire.
Il n'y paroît jamais que sûr de la victoire,
Et le plus aimable des Dieux.
L'Amour triomphe, &c.

T É M I R E, *en l'interrompant.*

En flattant moins on séduit mieux.

Un soupir en dit davantage
Que tous les vains détours de l'art.
Le cœur se peint dans un regard,
Un silence timide est son plus doux langage.

P H I L E M O N.

C'est ainsi que jusqu'à ce jour.
Daphnis vous a dit qu'il vous aime.

D A P H N I S.

Bergere.... Philemon... mérite un doux retour;
Puisqu'il brûle pour vous, sa tendresse est extrême...
Je le sens trop par mon amour.

P H I L E M O N.

Prononcez entre-nous, aimez à votre tour.

D A P H N I S.

Notre amitié, toujours paisible,
Verra, sans s'alterer, le sort qui nous attend.

T É M I R E.

Aux cœurs faits pour ce nœud charmant,
Tout devient facile, ou possible.
Qu'un ami bien sensible,
Doit être un tendre amant.

On entend un Prélude.

P H I L E M O N.

On vient.... de notre sort que Témire décide.

T É M I R E.

Mon cœur qui dans ce Temple & m'entraîne & me
guide.

Ne craint plus de se déclarer.

à Philemon.

J'étois incertaine & timide
Vos soins en m'éclairant, on sçu me rassurer.

SCENE IV.

DAPHNIS, TÉMIRE, PHILEMON,
*Bergers & Bergeres qui viennent célébrer
la Fête de l'Hymen.*

CHŒUR.

Les volages Amans de Flore
Regnent dans nos champs à leur tour.
Les jeux & les fleurs vont éclore.
Temple augufte, ouvrez-vous aux défirs de l'Amour.

SCENE V.

LE GRAND PRESTRE *de l'Hymen*, PRESTRES,
TÉMIRE, DAPHNIS, PHILEMON,
Bergers & Bergeres,

LE GRAND PRESTRE de l'Himen.

L'Himen dans ce féjour, n'eft jamais redoutable,
Bergers à ce Dieu favorable,
Venez-tous déclarer vos vœux.
Il n'enchaîne les cœurs que pour les rendre heureux,
Ft l'Amour n'eft pas plus aimable.
*Les jeunes Bergers & les jeunes Bergeres témoignent
par leurs danfes le défir qu'ils ont d'être unis.*

PHILEMON.

SCENE V.

LE GRAND PRESTRE *de l'Hymen*, Prestres, TÉMIRE, DAPHNIS, PHILEMON, *Bergers & Bergeres.*

LE GRAND PRESTRE *de l'Himen.*

L'Himen dans ce féjour, n'eft jamais redoutable.
Bergers à ce Dieu favorable,
Venez-tous déclarer vos vœux.
Il n'enchaîne les cœurs que pour les rendre heureux,
Et l'Amour n'eft pas plus aimable.

Deux Bergers en danfant fe difputent une Ber-gere, après avoir balancé, elle fe détermine pour l'un dès deux.

DAPHNIS *au Grand Prestre.*

La jeune beauté qui m'enflame
Fait triompher l'Amour, & ne lui céde pas;
Il brille dans fes yeux, il vole fur fes pas,
Ne peut-il regner dans fon ame ?

D

Qui la voit un inftant, vit toujours fous fa loi.
Il n'eſt point de Bergere auſſi charmante qu'elle;
Mais il ne fut jamais de Berger plus fidele,
      Ni ſi tendre que moi.

      La jeune beauté qui m'emflame,
Fait triompher l'Amour, & ne lui céde pas;
Il brille dans ſes yeux, il vole ſur ſes pas:
      Ne peut-il regner dans ſon ame?

Une Habitante de T E M P É *mene un jeune Berger, qui la ſuit avec peine. Un Paſtre dejà ſur le retour conduit une jeune Bergere, qui ſe laiſſe mener avec répugnance. Le Berger & la Bergere ſe regardent. Leurs cœurs ſont bientôt d'intelligence. Ils echapent des mains de leurs conducteurs & danſent enſemble. Ceux-ci veulent les ſeparer; mais le Berger & la Bergere font ſi bien qu'ils les engagent à les laiſſer & à s'unir eux-mêmes.*

T É M I R E.

» Chantés, Oiſeaux, chantés, que vous êtes heureux!

» Rendez grace à l'Amour qui prévient tous vos vœux;

» Des ramages qu'il vous infpire.

» Vous êtes toujours amoureux ,

» Sans craindre jamais de le dire.

» Chantés, Oifeaux , chantés , que vous êtes heureux !

PHILEMON.

Ah ! Daphnis !

DAPHNIS.

Quel efpoir !

LE GRAND PRÉTRE à *Témire.*

Aimez , aimez comme eux.

S'il eft quelque Berger que votre cœur préfere ,

Ne craignez point de le nommer.

Pourriez-vous douter de lui plaire ?

S'il vous a vûe il doit aimer.

TÉMIRE.

Philemon.

PHILEMON. } Vous m'aimez !

DAPHNIS. } Vous l'aimez !

THÉMIRE.

Bergers daignez m'entendre ;

Philemon par vos foins j'ai connu dans ce jour ,

en montrant Daphnis.

Un fecret, que fon cœur avoit craint de m'apprendre.

Je vous offre à jamais l'amitié la plus tendre ;

Mais Daphnis a tout mon amour.

DAPHNIS. & PHILEMON.

O Ciel !

DAPHNIS.

Temire . . . . à ce charmant retour !
Comment aurois-je pû m'attendre.

LE GRAND PRÉTRE seul,
& ensuite avec le CHŒUR.

Il unit Daphnis & Thémire, les Bergers & les Bergeres.

Le bonheur s'offre à { vos / nos } desirs.

Dans les bras de l'Himen c'est lui qui { vous / nous } appelle,

Les nœuds d'une chaîne fidelle
Peuvent seuls fixer les plaisirs.

Le bonheur s'offre, &c.

LE GRAND PRÉTRE & sa suite rentrent
dans le Temple.

On danse.

FIN DE LA DEUXIÉME ENTRÉE.

L'ENCHANTEMENT FAVORABLE,

O U

L'AMOUR GÉNÉREUX.

TROISIÉME ENTRÉE.

ACTEURS.

ELÉMIRE *FÉE des Bords du PENÉE*. Mlle. Chevalier.

HELLÉ, *FÉE de la suite d'ELÉMIRE*. Mlle. Dubois.

TERSSANDRE, *jeune TESSALLIEN*. Mr. de Chaffé.

TELANOR, *GENIE du FEU*. Mr. Perfon.

OMBRES D'AMANTS LEGERS.

ESPRITS de la suite d'ELÉMIRE.

ESPRITS, du feu de la suite de TELANOR.

PERSONNAGES DANSANS

OMBRES D'AMANTS LEGERS.

Mr. DUPRÉ.

Mr. VESTRIS. Mlle. VESTRIS.

Mlle. LANY.

Mrs. Dupré, Feuillade, Gobert, Hyacinte, Defplaces l. Defplaces c.

Mlles. Thiery, Defiré, Ponchon, Coupé, Marquife, Chevrier.

L'ENCHANTEMENT FAVORABLE,
O U
L'AMOUR GÉNÉREUX.
TROISIÉME ENTRÉE.

Le *Théatre represente la chute du Fleuve* PENÉE *, entre les Monts* OSSA & OLIMPE. *Les deux côtés font des Campagnes riantes, coupées par le detour du Fleuve.*

SCENE PREMIERE.
ELÉMIRE, HELLÉ.
HELLÉ

Imés charmante Fée, il est tems de vous rendre ;
Immolez à l'amour un reste de fierté :
La gloire d'avoir résisté,

Ne vaut pas les plaisirs qu'on perd à se défendre.

E L É M I R E.

Eh ! que peut la fierté sur un cœur amoureux ?
Terssandre est tout pour moi, puisqù'il a sçû me
    plaire.

H E L L É.

   De votre rang & de vos feux,
   Pourquoi donc lui faire un mystere !

E L É M I R E.

Connois l'excès de mon malheur.

Du jaloux Telanor je dédaignois l'ardeur,
L'Amour sçut éclairer ce Génie inflexible :
    Ecoute l'arrêt terrible,
    Que lui dicta sa fureur.
» Le Printems va finir, crains la saison nouvelle,
» Elémire , dit-il , tremble à chaque moment,
   » Pour ta flame , où pour ton amant ;
   » Il mourra s'il n'est infidelle.

H E L L É.

O Ciel ! quel rigoureux tourment !
Il faut qu'il meure ou vous trahisse.

E L É M I R E.

Pour empêcher qu'il ne périsse,
Que je crains d'agir vainement.

Le

Le Penée amoureux, fur fa rive fleurie,
Ne voit point d'amante trahie,
Fatiguer de fes cris, les échos d'alentour.
Chaque amant, de fes fers enchanté pour la vie,
N'y coûte qu'un trait à l'Amour.

HELLÉ.

Hatez vous d'employer, dans ce péril extrême,
Tout ce qui peut brifer fes nœuds.
Le fupplice le plus affreux,
Eft de voir périr ce qu'on aime.

ELEMIRE.

J'ai fait jufqu'à ce jour un inutile effort;
Froideur, haîne, mépris, j'ai tout mis en ufage.

HELLÉ.

Mais enfin, s'il favoit quel doit être fon fort?

ELEMIRE.

Un Amant malheureux peut-il craindre la mort?....
Il me refte un efpoir qui foutient mon courage.
Hélas! quel fera mon partage?
Que de larmes fuivront les pleurs qu'il m'a couté!
La mort fera le prix de fa fidélité,
Et je ne puis mourir, fi je le rend volage.

O! Vous que l'inconftance a féduit autrefois;
Amans volages, mais finceres,
Qui, fur les fombres bords fuivrez toujours fes loix.

E

Percez la terre ; Ombres legeres,
Quittez l'Elizée à ma voix.

Les Ombres des Amants légers paroissent.
On voit un voile sur un buisson.

SCENE II.

ELEMIRE, HELLÉ, Ombres
D'Amants legers & d'Amantes volages.

CHŒUR.

Quel charme puissant nous attire ?...
Nous voyons reluire
Le flambeau du jour.
Soleil, Astre éclatant, dans notre heureux Empire,
On voit toujours briller le flambeau de l'Amour.

ELEMIRE.

Contre un fidele Amant que j'aime
Mon art, de vos efforts, implore la faveur :
Je veux triompher dans son cœur
De son penchant & de moi-même.

Les Ombres commencent un charme pour seconder
ELEMIRE.

E L E M I R E & le Chœur.

Amour veux-tu, comme la haîne,
Regner sur des cœurs malheureux.
Si tu ne peux
Remplir leurs vœux,
Brise leur chaîne,
Eteins tes fœux.

Les Ombres continuent le charme.

E L E M I R E.

Palmire regne dans ces lieux ;
Je tiens en mon pouvoir sa main & son Empire.
Que ce voile mistérieux
Trompe mon Amant même & ne m'offre à ses yeux
Que sous les traits charmans de la jeune Palmire.

Les Ombres enchantent le Voile.

E L E M I R E, après l'enchantement, en se
saississant du Voile.

Tendre Amour, de Palmire embellis les appas :
Prête à ses traits le feu dont mon ame est remplie ;
C'est assez pour mon cœur, si mon Amant hélas !
Me doit son bonheur & la vie.

Il vient, disparoissez.

Les Ombres disparoissent.

SCENE III.
ELEMIRE, HELLÉ.
ELEMIRE.

Toi vole fur fes pas.
Sous les traits d'une Cour brillante,
Guide ici les Efprits qui vivent fous mes loix.
Que tout offre à fes yeux l'image féduifante,
Du rang que l'Amour lui préfente,
Si fon cœur fait un nouveau choix.

SCENE IV.
TERSSANDRE.

Vallon toujours chéri de Flore,
Bords paifibles, riant féjour,
Mon efpoir le plus doux eft de perdre le jour;
Mais je ne puis mourir fans vous revoir encore.

Dans ces prés, arrofés des larmes de l'Aurore,
J'aperçus Elemire, & je connus l'Amour.
J'ofai, fous ces ormeaux, lui parler fans détour,
Du feu conftant quime dévore,

Plus tendre qu'elle, hélas ! Ses beaux yeux que
j'adore
Me flattoient d'un heureux retour.

Vallon toujours, &c.

SCENE V.

TERSSANDRE, HELLÉ, *Efprits foumis à Elemire, fous les traits des peuples de la Cour de Palmire.*

CHŒUR.

Regne, triomphe Amant heureux.
Que Tempé, que ces bords à ta gloire applaudiffent,
Que la jeune Palmire & Terffandre s'uniffent ;
Qu'il regnent à jamais tous deux.

TERSSANDRE.

Ciel...... le choix de la Reine ?

HELLÉ.

Il a comblé nos vœux.

HELLÉ & le Chœur.

Regne, triomphe Amant heureux.
Que Tempé, que ces bords à ta gloire applaudiffent,
Que la jeune Palmire & Terffandre s'uniffent ;
Qu'ils regnent à jamais tous deux.

SCENE VI.

ELEMIRE, *portant le Voile qui l'a fait paroî-*
tre sous les traits de Palmire, & les ACTEURS *de*
la Scene précedente.

ELEMIRE, *sous les traits de Palmire.*

Peuples, le Roi que je vous donne
Va partager ses soins entre la gloire & vous.
Mon cœur a fait choix d'un Epoux,
Digne de ma main & du trône.

SCENE VII.

ELEMIRE, TERSSANDRE.

TERSSANDRE.
à part.

Quel son de voix !... Hélas ! Tout rappelle à mon
cœur,
Le cruel objet de ma flame....
à Elemire.
O Reine ! de mon sort connoissez la rigueur,
Tant d'appas auroient dû triompher de mon ame ;
Mais un penchant fatal s'oppose à mon bonheur.
J'adore une Nimphe charmante :
O Dieux ! Que sa beauté seroit vive & touchante,

Si son cœur s'enflamoit un jour !
Il ne manque aux attraits de l'objet qui m'enchante,
Que d'être animés par l'Amour.

ELEMIRE, sous les traits de Palmire.

J'ai vû sans m'allarmer le penchant qui vous presse.
Les douceurs du retour qu'on espere en aimant
Font le charme de la tendresse.
L'espoir détruit. . . le charme cesse,
L'Amant le plus fidelle est bien-tôt inconstant.

Elemire n'est que trop tendre.
Un superbe Rival, l'a force à vous bannir.

TERSSANDRE.

O Ciel ! . . . .

ELEMIRE sous les traits de Palmire.

De ses fureurs qui pourroit vous défendre ?

TERSSANDRE.

Un autre a donc sçû l'attendrir ?

ELEMIRE, sous les traits de Palmire.

Formez une chaîne nouvelle
Dans les bras de l'amour, la gloire vous attend.
Qu'il est beau de jouir d'un empire éclattant !
Qu'il est doux de bruler d'une ardeur mutuelle /
Formez une chaîne nouvelle.
Dans les bras de l'Amour la gloire vous attend.

T E R S S A N D R E.

L'ingratte! Eh! Qui pourra l'aimer comme je l'aime!

E L E M I R E, *fous les traits de Palmire.*

L'Amour vous refervoit un fort plus glorieux.

T E R S S A N D R E.

L'empire de l'univers même
M'auroit été moins cher ; qu'un regard de fes yeux.

E L E M I R E, *fous les traits de Palmire.*

Une ingrate mérite un Amant infidelle ;
Il faut changer pour la punir.

T E R S S A N D R E.

Toute ingratte qu'elle eft, je ne puis aimer qu'elle!
Elle aura mon dernier foupir.

E L E M I R E, *fous les traits de Palmire.*

Tu me perces le cœur, cruel!...... Mais tu me
charmes.
Un fentiment fi doux fe mêle à mes douleurs,
Qu'il enchante mes fens, & fufpend mes allarmes!....
Ah!... Terffandre!... O deftin!... Je t'adore, &
tu meurs!...

T E R S S A N D R E.

Où fuis-je ?.. o Dieux ?... Comment réfifter à fes
pleurs?....

Je

Je sens que j'adore Elémire ;
Cependant votre voix à des charmes si doux. . . .
A mes transports divers, mon cœur ne peut suffire,
Ils m'entrainent à vos genoux.
Je sens que j'adore Elémire ;
Je ne vis que pour elle, & je mourrois pour vous.

Un bruit semblable aux éclats du Tonnere se fait entendre.

TERSSANDRE, ELÉMIRE,
sous les traits de Palmire.

O Ciel ! d'où naît ce bruit terrible ?
Quelle vapeur trouble les airs.

ELÉMIRE, sous les traits de Palmire.
Barbare Telanor ! . . . O ! . . Genie inflexible ! . . .
Il paroît. . . c'en est fait, cher Amant je te perds.

SCENE DERNIERE.

TELANOR, sur un assemblage de nuages enflamés,
entouré de GENIES, ELÉMIRE, TERSSANDRE.

TELANOR.

NOn, non, de mes transports je suis enfin le
maitre.
Nos Destins sont remplis, & je céde à vos vœux,

Il eſt dans les cœurs généreux
Un charme qui nous force à l'être.

E L É M I R E.

O ! puiſſant Telanor !… *(à Terſſandre en ôtant ſon*
voile.)
Que tu vas être heureux.

T E R S S A N D R E.

Que vois-je !… ô Ciel !… mon cœur n'a pû vous
méconnoître.

T E L A N O R.

Qu'un don qui les raſſemble tous,
Soit le prix d'un amour ſi tendre.
Eſprits heureux, verſés un feu pur ſur Terſſandre ;
Qu'il triomphe, qu'il ſoit immortel comme vous.

C H Œ U R.

Qu'il triomphe, qu'il ſoit immortel comme nous

FIN DE LA TROISIÉME ENTRÉE.

LES VENDANGES,

OU

L'AMOUR ENJOUÉ.

QUATRIÉME ENTRÉE.

ACTEURS

BACHUS.   M^r. Jéliote.

HEGEMONE, *Prêtreſſe de l'Amour.* Mlle. Fel.

SILENE.   M^r. Cuvilier.

SATIRES, INDIENS, EGYPANS,
BACHANTES, PEUPLES *de Tempé.*

PERSONNAGES DANSANS.

FAUNES & BACCANTES.

M^{rs}. LYONOIS. & VESTRIS.

Mlle. LYONNOIS.

M^{rs}. Dupré, Feüillade, Gobert, Deſplaces l.
Deſplaces c.

Mlles. Deſiré, Sauvage, Ponchon, Couppé.
Chevrier.

Silene. M^r. LANY.

PASTRES & PASTOURELLES.

Mlles. LANY, PUVIGNE'E, VESTRIS, RAY.

M^{rs}. Lelievre, Bourgeois, Beat, Galigny.

Mlles. Dazenoncour, Victoire, Deſchamps.
Marquiſe.

LES VENDANGES,
OU
L'AMOUR ENJOUÉ.
QUATRIÉME ENTRÉE.

Le Théâtre repréfente un Bois de Mirthes. D'un côté on voit dans le lointain des Tentes ornées de Guirlandes de fleurs, & de l'autre une partie du Temple de l'Amour.

La perfpective du fond eft bornée par des côteaux agréables. On y voit couler des fources vives qui forment des Cafcades naturelles.

SCENE PREMIERE.
BACHUS & *fa fuite*, SILENE.

BACHUS.

D E Tempé calmez les allarmes ;
Peuples qui me fuivés, fecondés mes défirs.
Sous ces Mirthes fleuris, quittez quittez vos armes,
Annoncés mes bienfaits, par la voix des plaifirs.

F iij

SCENE II.
BACHUS.

Regne Amour, regne fur la terre.
J'ai foumis l'Univers, tu triomphes de moi.
Le fils du Dieu Puiſſant qui lance le tonnerre.
T'adore & n'implore que toi.
Voi Bachus déſormais, ſans trouble & ſans effroi.
Il ne veut dans Tempé que ſoupirer & plaire.
Non: le Vainqueur de l'Inde, enchanté, ſous ta loi
N'a plus pour être heureux qu'une conquête à faire.

Regne Amour, regne ſur la terre,
J'ai foumis l'Univers, tu triomphes de moi.
Le fils du Dieu Puiſſant qui lance le tonnerre
T'adore & n'implore que toi.

Dans ces paiſibles bois conſacrés au Miſtere
Ai-je vû Dieu charmant, ta Prêtreſſe ou ta mére?...
O Ciel! Je la revois... C'eſt elle... Que d'appas!...
Mais il faut me contraindre encore,
Que tout lui parle ici d'un Amant qui l'adore,
Et du pouvoir d'un Dieu qu'elle ne connoît pas.

SCENE III.
HEGEMONE.

Vole de victoire en victoire ,
Amour n'épargne que mon cœur.
Des chaînes des amants , je chante le bonheur ;
Mais je le chante sans le croire.

Ne puis-je à tes Autels conserver ma fierté ?
Tes traits n'ont point blessé les Graces.
Tu vois , sans la troubler , leur aimable gayeté ,
Et les Jeux , qui suivent tes traces ,
Gardent encor leur liberté.

Vôle de victoire en victoire
Amour n'épargne que mon cœur
Des chaînes des Amans je chante le bonheur ;
Mais je le chante sans le croire.

Quel est donc ce jeune Etranger ? . . .
Eh ! pourquoi cherchai-je à l'apprendre ?
D'un désir curieux je saurai me défendre.
Pour un cœur trop sensible hélas ! tout est danger.

On entend un prelude.

Dieux ! Quels sons inconnus ! . . . . .

SCENE IV.

SILENE, Indiens, Egypans, Satires,
Bachantes, HEGEMONE.

CHŒUR.

Que mille chants divers
Eclattent & percent les airs :
Qu'ils troublent le repos du féjour du tonnere.
Echos éveillés-vous, repetés nos concerts,
Annoncés un maître à la terre.

SILENE à HEGEMONE.

Cette troupe toujours riante.
Partage les tranfports du Dieu qui la conduit :
Il foupire pour vous, votre beauté l'enchante.
Vous rendez encor plus brillante
La vive gayeté qui le fuit.

On danfe.

SILENE à HEGEMONE.

Dans le bel âge
Faites ufage
De jours
Trop courts.

Dans

Dans le bel âge,
Heureux qui s'engage
Avec les Amours.

C H Œ U R.

Dans le bel âge, &c.

S I L E N E.

Dans la vielleffe
Les momens font chers, le tems preffe ;
Mais la vie en a plus d'appas.
Qu'une vive gayté retienne fur vos pas
Les jeux riants de la jeuneffe.
Jouiffez comme moi. Je ne me fouviens pas
D'un inftant de trifteffe.

S I L E N E & le CHŒUR.

Dans le bel âge, &c.

On danfe.

S I L E N E & le CHŒUR.

Charmant délire,
Douce fureur.

Non, la raifon n'eft qu'une erreur :
Tu ne peux trop-tôt la détruire :
Ton triomphe eft notre bonheur.

Charmant délire,
Douce fureur.

G

Un Dieu te ressent & t'inspire :
Entraîne, enchante notre cœur,
Enflamme tout ce qui respire.

HEGEMONE.

Ah ! quels transports tumultueux !...
O Ciel ! que deviens-je moi-même ?

On danse.

HEGEMONE.

Arrêtés . . . . .

SCENE V.

BACHUS *& les Acteurs de la Scene précédente.*

BACHUS.

S Uspendez vos jeux.
Allez, que ses désirs soient votre loi suprême.

La suite de BACHUS *se retire.*

SCENE VI.

BACHUS HEGEMONE.

BACHUS.

Vous triomphez d'un cœur libre jusqu'à ce jour:
    Jouissez de votre victoire.
Je viens, avec transport, mettre aux pieds de l'A-
    mour
      Tout ce que j'ai fait pour la gloire.

HEGEMONE.

J'entens, sans m'allarmer, ce langage flateur.
Plus de trouble accompagne une flamme sincere.
En demandant des fers, vous parlez en vainqueur:
    Vous n'aimez pas ; vous croyez plaire.

BACHUS.

    Ah ! jugez mieux de ma sincérité.

L'instant où vos beaux yeux m'ont forcé de me
    rendre,
Est le premier instant de ma félicité.
Je vous immolerois encor ma liberté,
    Si mon cœur pouvoit la reprendre.

HEGEMONE.

Les jeux les ris fuivent vos pas.
La gayeté brille-t'elle, où regne la tendreffe?
Les plus heureux amans, qu'à Tempé, l'amour
    bleffe;
    De leurs fers murmurent tous bas.
Je vois à fes autels leurs pleurs & leur trifteffe.
    Qui d'eux, ou de vous n'aime pas?

B A C H U S.

Ne peut-on bien aimer fans répandre des larmes?

Mille tendres oifeaux fous cet ombrage frais
Chantent tous, de l'amour, les faveurs & les charmes.
Leurs cœurs s'ouvrent, fans crainte au-devant de
    fes armes,
    La joye y vole avec fes traits.

    Un fort fi charmant nous convie
    A n'imiter qu'eux en aimant.
    Eh! pourquoi fe faire un tourment
    Du plus doux plaifir de la vie?

H E G E M O N E, à part.

Quel charme!... Ah! que mon cœur réfifte foi-
    blement,
Fuyons......

BACHUS.

Que vois-je! ô Dieux! vous craignez de m'entendre.

HEGEMONE.

J'en connois le danger, j'aurois dû le prevoir,

BACHUS.

Fuirez-vous l'Amant le plus tendre?

HEGEMONE à part.

Il falloit ne le pas revoir.

BACHUS.

Ah! Parlez! Quel fort dois-je attendre?
Voulez-vous me ravir hélas! jufqu'à l'efpoir!

HEGEMONE.

Peut-être, je le dois;.. mais puis-je le vouloir!

De l'Amour je craignois les chaînes,
Je craignois la langueur des plus heureux foupirs.
Eh! Comment penfer à fes peines?
Il ne s'offre, avec vous, qu'entouré de plaifirs.

BACHUS.

Il redouble ma flâmme en comblant mes défirs.

BACHUS & HEGEMONE.

Que dans le fein des jeux, l'ardeur qui nous infpire,
S'enflâme à chaque inftant du jour.

Songez que le plus tendre amour.
Doit toujours folatrer & rire.

BACHUS.

Le bonheur m'attendoit sous votre aimable empire.
C'est Bachus, c'est un Dieu qui fixe ici sa Cour.

Que ces côteaux rians de mes dons s'enrichissent.
Doux Nectar, jus divin coulez dans ces valons.
Que ces campagnes retentissent.
De mille nouvelles Chansons.

La Vigne chargée de raisins naît, & couvre les Côteaux, les Cascades d'eau qu'on voyoit, sont changées en Fontaines de vin. Les Peuples de Tempé accourent de toutes parts à ce miracle, ils se mêlent avec la Cour de Bachus & vandangent les Vignes qui sont au fond du Théâtre.

SCENE DERNIERE.

SILENE, HEGEMONE, BACHUS.
Suite de BACHUS, Habitans de TEMPÉ.

HEGEMONE BACHUS, avec le Chœur.

C Hantés }
Chantons } le Dieu de la tendresse.

Chantés }
Chantons } le Dieu de la gayeté.

Aimons toujours, rions sans cesse,
Jamais de tristesse
Plus de liberté.

Pendant le Chœur SILENE s'endort sur des feuillées
de Vigne, qui sont dans le fond du Theâtre. Il est
éveillé par de jeunes Pastourelles : sont enjouëment
se réveille avec lui ; il danse d'abord seul, puis en
pas de deux.

BACHUS.

Verse Amour le jus de la treille,
Et que Bachus lance tes traits.
Au feu dont brillent nos attraits,
Que tout s'enflame & se réveille.

Chantés Amans, chantés cette liqueur vermeille
En chantant l'objet de vos vœux.
Au milieu des ris & des jeux
Qu'un Buveur soit plus tendre, & jamais ne som-
meille.
Verse, Amour, le jus de la treille,
Et que Bachus lance tes traits.

Au feu dont brillent nos attraits
Que tout s'enflame & se reveille.

Silene forme une Contredanse générale, avec la suite de Bachus, & la jeunesse de TEMPÉ.

FIN.

APPROBATION.

J'Ai lû par ordre de Monseigneur le Chancelier *les Amours de Tempé, Ballet Héroïque,* & je n'y ai rien trouvé qui doive en empêcher l'impression. A Compiegne, ce trente Juillet 1752. DEMONCRIF.